Alexander Holzach

Leão
o signo autoconfiante

De 22 de julho a 22 de agosto

O signo de leão não anda,...

...ele movimenta o mundo.

Com esse signo, é melhor saber qual é o seu lugar...

...pois ele conhece bem o dele.

Se quiser se entender com leão, saiba que é fácil:

o bajule um pouco...

...e o massageie também.

Leão é um signo muito sociável.

Sempre quer estar onde há um burburinho...

Leão tem qualidades de liderança.

Sua presença já é o bastante para que o sigam.

Mesmo quando, na verdade,
quer ficar em paz.

Não importa qual profissão seja escolhida por leão:

esse signo quer chegar ao topo rápido e sem concorrência.

Assim, nada fica em seu caminho até a chefia.

Entretanto, esse signo é inclinado a se supervalorizar...

...o que pode muito bem
o levar a dar um passo atrás.

Leão precisa de sua pausa de descanso...

...para, de repente,
quando for preciso,...

Mas sumir pontualmente ao final do expediente?

Isso fazem outros.
 Leão dá sempre mais de si no trabalho.

Na essência, esse signo é a calma em pessoa.

A não ser que seja provocado por tempo suficiente.

Aí, leão rebate impiedosamente.

Não se deve mandar em alguém de leão...

...tampouco caçoar dele...

...do contrário, terá sorte se o desfecho for ameno.

Se leão não se sente respeitado...

...pode passar o dia cheio de mágoa.

Aí, não adianta oferecer nenhuma trégua.

Leão conquista seu pretendente com presentes e elogios.

Mas, dele, também espera muita paixão.

Quem for escolhido por alguém do signo de leão...

precisa saber que será considerado seu brinquedinho.

As costas são a zona erógena de leão.

Arranhe elas uma vez, e ele poderá ficar selvagem.

Por isso, é melhor ter uma cama firme
e um vizinho que não escute nada.

O parceiro desse signo deve evitar se destacar ao seu lado.

Leão não gosta nada quando um ornamento chamativo lhe rouba a cena.

...quer ficar sob a luz dos holofotes.

Seja no tapete vermelho...

...seja em casa: leão sempre deixa um rastro impressionante.

Mesmo quando leão sofre uma derrota...

...se comporta de tal forma que até seu adversário o toma como vencedor.

O signo de leão tem um gosto
extremamente certeiro...

...quando se trata de artigos de luxo e da última moda.

Seu lar é, via de regra, generoso e pomposo.

E, como leão sabe dar ordens,
    também é limpo.

Às vezes, o signo de leão pode ser...

vaidoso,

autoritário,

controlador

e arrogante.

Mas também é todo coração...

generoso,

carismático,

determinado

e otimista.

TÍTULO ORIGINAL *Der selbstbewusste Löwe*
© 2015 arsEdition GmbH, München – Todos os direitos reservados.
© 2017 VR Editora S.A.

EDIÇÃO Fabrício Valério
EDITORA-ASSISTENTE Natália Chagas Máximo
TRADUÇÃO Natália Fadel Barcellos
REVISÃO Felipe A. C. Matos
DIREÇÃO DE ARTE Ana Solt
DIAGRAMAÇÃO Balão Editorial

Dados Internacionais de Catalogação na Publicação (CIP)
(Câmara Brasileira do Livro, SP, Brasil)

Holzach, Alexander
  Leão: o signo autoconfiante / Alexander Holzach; [tradução Natália Fadel Barcellos].
  — São Paulo: VR Editora, 2017.

Título original: *Der selbstbewusste Löwe*.
ISBN 978-85-507-0113-4

1. Astrologia 2. Horóscopos 3. Signos e símbolos I. Título.

17-04656   CDD-133.54

Índices para catálogo sistemático:
1. Horóscopos: Astrologia 133.54

Todos os direitos desta edição reservados à
VR EDITORA S.A.
Via das Magnólias, 327 - Sala 1 | Jd. Colibri
CEP 06713-270 | Cotia | SP
Tel.| Fax: (+55 11) 4702-9148
vreditoras.com.br | editoras@vreditoras.com.br

SUA OPINIÃO É
MUITO IMPORTANTE
Mande um e-mail para
opiniao@vreditoras.com.br
com o título deste livro
no campo "Assunto".

1ª edição, nov. 2017
2ª reimpressão fev. 2023
FONTES SoupBone e
KG Be Still And Know
IMPRESSÃO GSM
LOTE GSM070223